AF191452

Augenblicke...

um der Liebe willen

Band eins

ORAKEL

FSC
www.fsc.org
MIX
Papier aus ver-
antwortungsvollen
Quellen
Paper from
responsible sources
FSC® C105338

Bibliografische Informationen der Deutschen Nationalbibliothek:
Die Deutsche Nationalbibliothek verzeichnet diese Publikation
in der Deutschen Nationalbibliografie; detaillierte bibliografische
Daten sind im Internet über http://dnb.dnb.de abrufbar.

Verlag: BoD · Books on Demand GmbH, In de Tarpen 42,
22848 Norderstedt
Druck: Libri Plureos GmbH, Friedensallee 273, 22763 Hamburg

ISBN: 978-3-7693-1871-5

Aus lauter Liebe…

existieren wir,

leben und sterben wir,

denken und fühlen wir,

erfahren, erkennen, vergeben und teilen wir.

Wir sind LIEBE!!!

Alles, was geschieht, geschieht aus Liebe,

aus „lauter" Liebe.

Wenn die Liebe „laut" ist, ist sie emotional,

ist sie in Bewegung, drängt sie uns

zu Handlungen, die nicht immer wie Liebe

ausschauen.

Wenn die Liebe „leise" ist, ist sie gefühlvoll,

oft auch schwer, und strahlt in unserem

Inneren.

Liebe ist Alles, sie kommt aus dem Nichts,

aus der Leere, die voll ist, voll mit Gedanken,

gedankenvoll, voll mit Gefühlen, gefühlvoll,

voll mit Essenzen von Erfahrungen,

die in Form gehen wollen.

Liebe ist ein Meer, ein Ozean an Informationen, die sich manifestieren wollen.

Sie ist reine Energie, reines Bewusstsein.

Sie weiß, wann sie erscheinen muss, um Geben und Nehmen in die Welt zu bringen, auszugleichen, Harmonie und Frieden zu verbreiten.

Sie weiß auch, dass oft „um der LIEBE willen" Umwege nötig sind, um letztendlich die Not zu wenden.

Liebe ist die stärkste Kraft im Universum, sie zieht an, sie verbindet uns mit dem was fehlt um ganz zu sein, um heil zu sein.

Sie ist das große Ganze, die Einheit, die die Vielheit wieder zurückführt in die Einheit.

Liebe ist Schöpferkraft, sie kann alles erschaffen „aus lauter Liebe", sie kann aber auch alles zerstören, „um der Liebe willen".

Für meine Kinder

Für Jakob, den wilden Träumer,
immer auf der Jagd nach mehr.
Wisse, die Beute ist in dir,
in voller Pracht und Schönheit.
Sie nährt Herzen.

Für Mira, die Aufrechte, die Kluge, die Liebende.
Deine spontane Wortkraft lässt Bäuche hüpfen
und Lachmuskeln tanzen.
Es ist ein Geschenk, deine Gegenwart zu genießen.

Für Sascha, den Visionär,
der mutig seiner Intuition folgt,
mit einem Ziel und einem Plan im Gepäck.
Auf deiner Lebensreise begegnen dir Wunder,
die sich vor dir ausbreiten.

DANKE
für das Geschenk eures Lebens, für die Liebe
und den Schmerz!

Spiel des Lebens
Spiel der Zahlen

36 Texte
36 Zahlen

Welche Zahl zwischen 1 und 36
kommt dir als Erste in den Sinn?
Schließe deine Augen, denke an eine Zahl
zwischen 1 und 36.
Dann lies den nachfolgenden Text,
der mit der selben Zahl nummeriert ist,
an die du gedacht hast.
Dieser Text wird dir hier und jetzt
etwas zu sagen haben.

Du kannst auch die Grafik auf der letzten Seite
des Buches benützen, indem du mit deinem
Zeigefinger „zufällig" auf einer Zahl landest,
während du die Augen geschlossen hältst.

1

Der Ausbruch

aus dem wogenden Nichts

in die Unvollkommenheit

des verwunschenen Paradieses

Neubeginn. Wir sind alle vollkommen, wenn wir auf Planet Erde landen, vollkommen in unserer Unvollkommenheit.

Das Neue ist immer aufregend. Es regt an, uns zu bewegen, in eine andere unbekannte Richtung. Aus dem alten Leben in ein neues, noch unentdecktes Leben mit Freude und Forschergeist.

Wandle dich, transformiere dich, entzaubere dich, lass Neues in dein Leben! Sei mutig!

<u>2</u>

Wahrheit

ist

wie das Bunt im Weiß

Erkenne deine eigene, ganz persönliche Wahrheit, deine Einzigartigkeit.

Sei ganz du selbst, ermächtige dich.

Das erfordert einen klaren Verstand und ein reines Herz.

Beides, Verstand und Herz, bewusst zusammenzuführen, in Harmonie zu bringen, das ist jetzt gefragt.

Du wirst erkennen, dass deine Wahrheit ein Farbpunkt im großen Wahrheitsfarbspektrum ist.

<u>3</u>

Ich liebe die Ewigkeit des Kindes

in dir

die kristallene Süße

die natürliche Erotik

den Charme der Unschuld

den Duft frischen Zaubers

gepaart mit alter Geschichte

Das „Innere Kind" ist immer präsent, in jedem von uns, also erinnere dich:
Das Leben ist ein Spiel
und schreibt Geschichte. Unbeschwertheit, Mut, Gelassenheit und Schöpfergeist sind jetzt gefragt.
Spielen bedeutet lernen.
Ganz leicht und mit einem Lächeln im Herzen spielt es keine Rolle, ob du Gewinner oder Verlierer bist.

<u>4</u>

Augenblicke

Samen für die Ewigkeit

Achte auf das, was du siehst, was du hörst, was du denkst, was du fühlst und worauf sich dein Blick richtet. Jetzt.

Eine Geschichte wird sich erzählen, deine. Sie wird sich hervorzaubern und den Blick öffnen für das ewige Sein.

Was du jetzt denkst und fühlst bestimmt deine Wirklichkeit von morgen.

Sei achtsam, pflege das, was du heute säst, es wird sich fortpflanzen, Ergebnisse schaffen und Möglichkeiten für Verbesserung.

<u>5</u>

Impuls

immer wieder erschaffen

immer wieder vergangen

immer wieder geboren

immer wieder

im Puls

Horche auf deine Intuition,
du bist der Schöpfer deines Lebens.
Achte auf deinen Rhythmus, auf den Puls
deines Lebens. Was verlangt es von dir?
Unterscheide: was willst *du* wirklich, was treibt
dich an? Entspringt dein Wollen aus deinem
wahren Selbst? Manipulierst du oder lässt du
dich manipulieren?
Du bestimmst deinen Tag im Puls deines
Herzens, immer wieder.

<u>6</u>

Ich bin anders als du
du bist anders als ich
darin sind wir gleich

Du bist in deiner Einzigartigkeit nicht allein.

Wir sind viele.

Bereichern wir uns durch das Anderssein

zu einem „Wir" von Gleichgesinnten.

Anders sein ist wertfrei!!!

Einzigartig und einmalig, wie wir sind, haben wir immer die Möglichkeit, gemeinsam einem größeren Ganzen zu dienen.

Wir sind gleichberechtigt!!!

Wir können uns ergänzen, müssen aber nicht.

Anderssein ist eine große Chance.

Ist Konkurrenz und Angst in deinem Leben?

Wenn wir unsere unterschiedlichen Talente und Begabungen zusammenschließen,

ohne Konkurrenz und Angst, kann sich Liebe entfalten, kann Großes entstehen.

<u>7</u>

Es ändert sich so manches nicht,

ob innerlich, ob äußerlich.

Die Vase hält, was sie verspricht,

bis sie zerbricht.

So denke kühn an Frühlingsblühn

und jene Wiese im Paradiese

als dich das Leben hat geküsst

und dir geflüstert, wer du bist.

Du bist aufgefordert mutig zu sein, groß zu denken, groß zu fühlen und in weiterer Folge groß zu handeln.

Deine Vorstellung darf groß sein, nach dem Motto: „alles ist möglich".

Du musst nur wissen, was du magst, was dein Herzenswunsch ist und deine Aufmerksamkeit dorthin lenken. Das rechte Handeln wird folgen.

Es gibt immer viele neue Wahrscheinlichkeiten zu erblühen, als Schöpfer(in) deines Lebens.

<u>8</u>

Atmen

einfach sein

sein

Mach dir bewusst, dass das Leben „einfach" ist,

ein Hereinnehmen, ein Hinausgeben.....

das Leben atmet dich, du atmest das Leben.

Zwischen ein-und ausatmen ist Stille,

ist das weite Land der Seele.

Es wird dir gut tun, in diese Stille einzutauchen

und hinzuhören, was sie dir zu sagen hat,

was sie dir mitteilen möchte.

Kommuniziere mit dem Unkennbaren,

es begleitet dich.

9

**Alles geht seinen Weg
den Weg der Notwendigkeit**

Wenn dich gerade etwas nötigt, dich etwas zwingt oder dir Angst macht, dann frage dich, ob du auf dem richtigen Weg bist. Schau dir genau an, was es ist. Mach dir bewusst, was dir Druck macht, ob er berechtigt ist, oder ob er überholt ist. In jedem Fall ist Handeln angesagt: ins rechte Tun kommen, einen Neustart zulassen oder das Alte, das dein Weiterkommen behindert, loslassen, am besten vergessen.

Die Not wendet sich immer, früher oder später. Du bist aufgefordert, dich im rechten Maße einzubringen, um die Situation nach deinen Vorstellungen zu ändern.

Bewusstheit über deine Situation kann dich befähigen, selbst einen Weg zu wählen,
es nicht einfach geschehen zu lassen.

Das Unmögliche möglich machen

das Unausweichliche erweichen

die Grenze ziehen

zwischen Schön und Hässlich

das Kranksein durchbrechen

Losfahren

in die Kälte der Nacht

um in der Wärme des Tages

aufzuwachen

Kann etwas, das du magst, das du liebst, unmöglich zu realisieren sein?

Hinterfrage deine Motivation, deine Absicht.

Geht daraus ein Wollen hervor, das erfüllt ist von Freude, Vertrauen und Liebe?

Ist diese Kraft so stark, dass der Boden bereitet werden kann für die Erkenntnis:

„Nichts ist unmöglich"?

Besinne dich auf deine Herzenskraft!

Denke weit und hafte nicht an Glaubenssätzen, die dich eng machen.

Glaube an dich und deine Visionen.

Arbeite mit deinem inneren Licht, es wird sich im Physischen manifestieren.

11

Das Leben ist schön

in seiner Verrücktheit,

wenn das Lachen nicht stirbt

Wir kommen auf diesen Planeten und wir gehen wieder, dazwischen ist Leben in seiner vielfältigsten Form, das wir mit unserem Geist erschaffen. Wie verrückt ist das denn?

Es lässt uns zur Seite rücken und staunend schauen, was wir da so alles geschöpft haben: in Form gebrachte Gedanken, nicht zu vergessen Gefühle, die ja alles lebendig machen.

Wie verrückt dir das Leben auch erscheinen mag, vergiss nicht zu lachen. Wir wissen, dass ganz viel leerer Raum in unserer Körperform ist. Wenn wir den entfernen würden, bliebe kaum etwas übrig von uns. Das ist schon einen Lacher wert.

Du bist aufgefordert, das Leben von der humorvollen Seite zu nehmen. Lache, lache, lache bis dein Bauch hüpft, und du wieder in deine Mitte rückst. Sobald du das, was du dir schickst (wir nennen es Schicksal) mit Humor betrachten kannst, nimmst du eine übergeordnete Position ein und wirst emotional frei.

12

Gekreuzigt sind wir alle,

die wir der Niedertracht des Lebens

ein Ende setzen wollen.

Keine Buddhas in Sicht!

Wo ist das Lächeln, die Gelassenheit?

Jeder rollt dahin in seinem Kokon,

eingesponnen von Blitzen

in seinem Gewitter

von Gedanken und Gefühlen,

die an der Haut

und den Augen ziehen,

nach unten.

Schau dir deine Gewohnheiten an. Bist du darin gefangen, haftest du an ihnen, bist du die Fliege im Spinnennetz, die verzweifelt zappelt, um sich zu befreien, weil sonst der Tod droht?

Generiere bewusst Kraft, um dich aus gewohnten Bahnen zu befreien,

aus Denkstrukturen, Gefühlsmustern

und Handlungsabläufen.

Wenn wir das nicht immer wieder tun,

erstarren wir, denken wir immer gleich, handeln wir immer gleich, und daraus folgt Stagnation auf allen Ebenen.

Du bist aufgefordert, das Zerrbild deines Lebens zu glätten, und wenn Falten, dann Lachfalten in dein Gesicht und das deiner Mitmenschen zu zaubern.

13

Jeder macht Geschichte

sie ist meine

sie ist deine

sie ist unsere Geschichte

Ich liebe und ich lebe sie

sie erzählt vom so Sein

sie erzählt vom anders Sein

Jeder lebt seine Geschichte

jeder ist seine Geschichte

jeder macht Geschichte

Du kommst mit einer Geschichte, und die
will sich weiter erzählen. Wo stehst du gerade
in deiner Geschichte? Lebst du sie aus vollem
Herzen und mit deiner ganzen Kraft?
Du bist aufgefordert, den Hunger und Durst
nach Leben und Lieben zu stillen,
dich in die Arme deiner Erfahrungen zu legen
und zum Erzähler zu werden.
Letztendlich zählt die Essenz, die sich deinem
ewigen Sein in (Ge)Schichten darüber webt.

14

Liebe bewegt uns

Sehnsucht bewegt uns

Sehnen macht stark

Suchen schafft Erfahrung

Brennst du für die Liebe ohne Leiden zu schaffen? Bist du bereit, dein Herz zu öffnen, dich auszudehnen, dann wird dich das finden wonach du suchst, ohne Anstregung.

Wenn du stark und geschmeidig zugleich bist, mutig und mit einer Vision im Gepäck, springst du auf den Zug auf und fährst mit dem Leben mit. Ein Leben voller Wunder, die sich vor dir ausbreiten, die dir den Boden ebnen.

15

Worte sind die Augen
unserer Gedanken,
sie spiegeln uns,
unsere innere Welt
und unsere äußere Welt.
Sie berühren uns,
wie uns ein Blick berührt.
Schauen wir uns doch mehr
in die Augen,
dann sprechen die Gedanken
von selbst.

Ist das, was du denkst auch das, was du mit deinen Worten ausdrückst?

Berührst du, und lässt du dich berühren?

Worte sind mehr als nur die Aneinanderreihung von Buchstaben und Silben, sie sprechen uns an, kehren unser Inneres nach außen, sie vermögen unsere Augen zu öffnen, einen Sinn zu vermitteln.

Tausche dich aus, lass deine Augen sprechen, kommuniziere mit deiner inneren Welt, wie mit deiner äußeren Welt.

Du wirst viel über dich erfahren.

Vernunftskreisel

Ich möchte sie fliehen, die Vernunft,

doch sie holt mich immer wieder ein,

versucht mich in ihre Fänge zu

bekommen,

sich festzukrallen

an meinen Gedanken.

Die Geradlinigkeit ihres Seins

erdrückt meinen fliehenden Geist.

Was ist Vernunft? Vernunft ist die Fähigkeit zu unterscheiden. Was ist wichtig für dich, was ist gut für dich, was nicht? Was brauchst du, was lässt du bleiben? Was fühlt sich stimmig für dich an? Ist es vernünftig, dich vom Urteil anderer abhängig zu machen, ohne deinen eigenen Ver*stand* zu nutzen?

Steh zu dir und deinem Werden, das sich durch deine individuellen Erfahrungen aufbaut. Hör zu, was andere dir zu sagen haben, es mag vernünftig klingen, es mag vernünftig sein. Vernunft ist ein wichtiges Instrument, mit all seinen Regeln, um unser Zusammenleben zu erleichtern und unsere Egos zu kontrollieren.

Die Vernunft dreht sich so lange im Kreis, bis du all die Regeln integriert hast, dann darf sie ver*schwinden*. Ihr „*Schwindel*" löst sich auf, sie kann dich nicht mehr kontrollieren, genauso wenig wie dich dein Ego kontrollieren darf, denn nun ist dein Verstand gereift, du stehst zu dir, zu deinem Sein und Werden.

Du bist reif, deine eigenen unabhängigen Entscheidungen zu treffen, frei deinen Weg zu gehen. Du gliederst dich ganz von selbst in die Gesellschaft ein, denn du hast ihr mehr zu bieten als „nur" Vernunft. Du nimmst ganz viele verschiedene Standpunkte wahr, bist bereit, dich ganz zu öffnen für die Menschen und das Leben. Du lebst das, was du bist und schon immer warst: Liebe!

<u>17</u>

Die Erinnerung formt unser Dasein

der Same der Erinnerung wächst

und entwickelt sich

bis hin zum Vergessen

um wieder

den Faden der Erinnerung

aufzunehmen

Die großen Meister sagen: Wir sind Wissende, wir sind Weise! Wir müssen uns nur daran erinnern.

Das Wort sagt es uns schon, geh nach innen, schau nach innen, fühle nach innen...und das meint ganz weit nach innen.

In uns schlummert der Same von allem.

Es gilt das zu erinnern, was du erblühen lassen willst, was du in dein Leben rufen möchtest,

um mit der Wahrheit deines einzigartigen Seins hier und jetzt eins zu werden.

18

Wunderbare Kräfte

verschlingen den Atem

deiner Ahnen

Das Heute erstrahlt weiß

nicht wissend

um die Farbenpracht dahinter

Du bist nicht die/der Erste in einer langen Ahnenreihe hier in deinem Leben, sondern die/der vorerst Letzte.

Es gilt das zu erkennen. Du hast ein Erbe angetreten, sei dir dessen bewusst.

Schau dir dein Leben genau an, segne es und damit segnest du dich und gleichzeitig alles, was vor dir war.

Durch die Liebe deiner Ahnen bist du hier, du bist getragen von ihrer Kraft. Auch wenn du sie nicht jeden Tag spürst, weil jeder Tag neu ist, nütze diese Kraft, bau auf ihr auf.

Es ist dein Potential, lebe und verwirkliche es. Es ist dein Beitrag für die nächsten Generationen.

Du hast die Möglichkeit, Vergangenheit und Zukunft zu heilen.

Durch Liebe bist du geboren, trage diese Liebe weiter!

<u>19</u>

Fluss fließt Welle um Welle
Fluss fließt
Sonnentropfen schillern
Wolkentropfen fallen
Fluss fließt
Mensch sieht Welle um Welle
Mensch sieht
Flussgeist flüstert:
Wie lange, wie lange
kannst du schauen
ohne selber zu fließen

„Du steigst kein zweites Mal in denselben Fluss." (Heraklit)

Nichts ist fix, alles ist im „flow". Stehen bleiben bedeutet Stagnation und letztendlich Tod.

Du bist keinen Augenblick ein und der/dieselbe, alles in dir ist in Bewegung, deine Gedanken, deine Gefühle, deine Zellen, die Atome.

Du bist ein schwingendes Wesen und morgen nicht mehr dieselbe, die du gestern warst. Begrüße jeden Tag als das Wesen, als das du dich gerade fühlst, und freue dich über das Neue. Erkenne deine Gewohnheiten, entlasse sie rechtzeitig, damit du deine Balance nicht verlierst.

Der Verlust des Gleichgewichts führt immer zu Unwohlsein und in Folge zu Krankheit.

Wir bewegen uns im Kraftfeld von Spannung und Entspannung, gleiten über Wellenberge und Wellentäler, durch Strudel und Hindernisse im ewigen Strom der Energien, den wir Leben nennen.

Die Mitte zu finden ist unsere Aufgabe, unsere Herausforderung. Nutze all das, was dir Kraft gibt, allerdings immer nur für kurze Zeit, dann geht der Tanz weiter. Sei im „flow" und bleibe gleichzeitig mit achtsamem Gewahrsein in deiner Mitte. Der Tanz des Lebens endet nur dann, wenn du aufhörst zu fließen.

Es geht immer weiter, es hört nie auf.

<u>20</u>

Ein Ort in der Zukunft
voll bunter Träume
morgen ist heute
heute ist das ganze Universum
immer bereit ins Morgen zu gehen

Wir alle haben Wünsche und Träume unsere Zukunft betreffend. Allerdings besteht ein großer Unterschied in deren Intensität.

Frage dich, ob die Wünsche aus deinem Herzen kommen oder aus deinem Ego.

„Bedenke was du wünschst, es könnte in Erfüllung gehen."

Wirst du in der Erfüllung deines Wunsches auch *deine* Erfüllung finden?

Das Universum ist lebendige Fülle, es antwortet immer auf einen Herzenswunsch.

Umarme deine Herzenswünsche, bejahe sie und schick sie auf die Reise.

Das Magnetfeld unseres Herzens ist viel mächtiger als das Magnetfeld unserer Gedanken.

Sei ein liebender Magnet, dann gehst du erfüllt in dein Morgen.

21

Ist es nicht der Glanz des Sterbens,
der die Wärme des Seins umhüllt?

Du wanderst durch dein Leben mit der Gewissheit zu sterben. Sterben ist ein Prozess, er beginnt mit deiner Geburt. Der Tod selbst ist „nur" ein kurzer Augenblick der Transformation. Jeder Schlaf ist ein kleiner Tod, ein Abschied. Du wirst viele Abschiede in deinem Leben erfahren. Du bist der Schöpfer deines Lebens, du bist der Schöpfer deines Sterbens. Leben und Sterben sind eins, sie sind untrennbar ineinander verwoben.

Jeder neue Augenblick ist nur möglich durch den Abschied des vorangegangenen Augenblicks. Kannst du den Glanz jeden Abschieds fühlen? Segne das Zurückgelassene mit deiner Liebe und Dankbarkeit, so bringst du Wärme in dein Sein, dein vergangenes, gegenwärtiges und zukünftiges. Verabschiede dich bewusst mit Glanz in deinen Augen von allem, was du zurücklassen willst oder musst.

Hör auf dein Innerstes, wann die Zeit gekommen ist für Veränderung, für einen Abschied von Lebensumständen oder Menschen, Lebenseinstellungen, nicht mehr dienlichen Gedanken, Gefühlen und Glaubenssätzen.

22

Kommt ihr Wörter

breitet euch aus

wie Blätter im Wind

kommt ihr Wörter

findet mich

Ich bin bereit

euch aufzufangen

und in Reih und Glied zu setzen

Ihr wehrt euch?

Doch es ist wie es ist

und es ist gut so

Worte sind in die Welt entlassene, in Materie gegossene Gedanken. Du entscheidest, welche Gedanken du in die Realität schickst, welchen Gedanken du Sinn und Bedeutung schenkst durch das gesprochene oder geschriebene Wort. Die Sprache ist ein Geschenk, du solltest achtsam damit umgehen.

Kommen deine Worte aus deinem Innersten, und verleihen sie dem Ausdruck, was du wirklich fühlst?

Sei dir der Macht des gesprochenen Wortes bewusst, sie kann aufbauen, Klarheit schaffen, Verbindung herstellen, aber auch verletzen, verwirren und trennen. Nicht nur der Sinn deiner Worte, sondern auch die Art und Weise wie du sie sprichst, erzeugen eine bestimmte Schwingung, die immer respektvoll und liebevoll sein sollte.

Sprichst du ohne zu denken, dann fehlt die Klarheit. Denkst du ohne zu sprechen, dann fehlt die Wahrheit. Im ersten Fall bist du aktiv, spontan und vielleicht sogar mutig im Ringen um Klarheit. Im zweiten Fall bist du passiv, weise zurückhaltend oder vielleicht zu feige, deine Wahrheit auszusprechen?

Du bist aufgefordert, beides zu vereinen, deine Worte mutig und zugleich weise zu verwenden. Sei offen, wenn dich deine Intuition auf den richtigen Zeitpunkt hinweist.

Sprich das aus, was wirklich ist, dann ist es gut.

23

Begeisterung verströmen
ist Liebe im Augenblick,
ist Freude im Augenblick,
ist Leben im Augenblick,
ist Befruchtung im Augenblick,
ist Therapie für kranke Herzen,
ist alles zu sein jetzt.

Alles ist erfüllt von Geist, von Energie, von Bewusstsein. Nichts ist davon ausgenommen. Wir sind geistige Wesen und können nichts anderes als Geist = Energie = Bewusstsein verströmen. Manchmal fällt es uns schwer, durch all die Energiekörper ungehindert hindurch zu fließen und Begeisterung ausströmen zu lassen aus unserem Materiekleid.

Genau jetzt ist die Zeit, deinen Bewusstseinsstrom in Bewegung zu setzen, den Weg zu sehen, wie du dich und andere glücklich machen kannst. Entspanne dich, dann geschieht es von selbst.

24

Freiheit

Du hast gewählt zu sein was du bist,

streust Samen,

die die Ewigkeit begrüßen,

in jedem Moment aufgehen.

Du wählst in jedem Augenblick

Du fühlst jetzt

Du weinst jetzt

Du lachst jetzt

Du bist jetzt

Bist du hier und jetzt frei?

Bist du der/diejenige, der/die du sein willst?

Lebst du selbstbestimmt?

Frei sein bedeutet wach sein, authentisch sein,
in Harmonie kommen, um ganz zu werden,
heil zu werden. Was hindert dich daran?

Über welchen Schatten musst du springen?

Über deinen eigenen, den deiner Familie, oder
gar über den einer ganzen Gesellschaft?

Zwingen dich äußere Umstände,
dann beobachte! Deine Gedanken sind frei.

Wenn du das Privileg und die Möglichkeit hast,
einschränkende Umstände zu verändern, dann
tu es, sei mutig!

Zwingen dich innere Zustände, dann wähle
bewusst eine neue Perspektive.

Freiheit wohnt in deinem tiefsten Inneren,
in deinem Wesenskern. Gib ihr die Freiheit,
sich in deiner Welt zu entfalten!

Sei ein Freigeist mit Herz!

25

Du bist ein Feuerwerk der Freude

Kann es sein, dass zur Zeit wenig Freude in deinem Leben ist? Denkst du an Freude als etwas, was vor langer Zeit einmal war?

Schau dir ein Kind an, siehst du die Lebensfreude? Haben Groll, Ärger, Frustration, Selbstvorwürfe, Kritiksucht und Zweifel deine kindliche Lebensfreude verschüttet?

Freust du dich am Leben, an der Natur, an allem was ist, oder machst du Freude von äußeren Dingen abhängig?

Du bist aufgefordert, Schuldzuweisungen und negative Gedanken jeglicher Art aufzugeben, und respektvolle, liebevolle Freude stattdessen zu kreieren. Freude ist deine wahre Natur.

Jede einzelne deiner Milliarden Zellen ist pure Freude, hat Freude daran, dich zu leben, und das in jedem Moment. Sei dir dessen bewusst.

Das Feuer der Freude kann niemals ganz erlöschen, ein Funke genügt, um es wieder aufflackern zu lassen, auch wenn die Welt noch so dunkel erscheint.

Bring dein freudvolles Sein in dein Umfeld, dann öffnest du die Tür für ein Feuerwerk der Freude.

<u>26</u>

Ich bring dir meinen Schmerz,

leb ihn bitte du

Schmerz ist eine transformative Kraft, Schmerz verändert dein Leben radikal.

Kannst du hören, was er dir zu sagen hat?

Leidest du unter deinem Schmerz, flüchtest du vor ihm, oder kannst du seine Botschaft fühlen?

Was kannst du, sollst du, musst du ändern?

Jammerst du? Stülpst du deinen Schmerz anderen über? Legst du ihn jemandem vor die Füße oder packst du ihn gar auf seine/ihre Schultern?

Jeder Schmerz ist individuell.

Mein Schmerz ist mein Schmerz, dein Schmerz ist dein Schmerz.

Du kannst nicht den Schmerz eines Anderen tragen, aber manchmal ist es notwendig,

ihn mitzutragen, und manchmal ist es richtig, um Hilfe zu bitten.

<u>27</u>

Zur Zeit verlier ich mich im

Kunterbunt

ein Papagei unter vielen

Zur Zeit ist das Leben laut

es schreit

ich höre nicht hin

Dann ist es wieder leise

ich höre hin

und

ich verlier mich im Kunterbunt

Wir alle haben Phasen in unserem Leben, in denen es „läuft". Eine Aktivität jagt die andere, wir feiern Feste und stürzen uns in den Trubel der Gesellschaft.

Hören wir dann auch noch auf unser Bedürfnis nach Stille und Regeneration, oder laufen wir vor der Stille davon?

Höre auf die leisen Töne deiner Seele, bleib in deiner Mitte. Genieße Trubel, Spaß und Erfolg, aber vergiss nicht, woher die Kraft dafür kommt. Sie kommt aus deinem Innersten, dort wo Ruhe und Stille die Quelle deiner Energie sind.

Bist du ein bunter Vogel, der sich das Leben tanzend und singend einverleibt?

Bleibe im Auge des Sturms, beobachte und genieße das Treiben. Manchmal brüllt eine Stimme in uns: Komm raus aus der finsteren Ecke, da draußen findet das Leben statt!

Dann wieder fordern uns die leisen Töne auf: Spiele dein ganz eigenes Lied!

<u>28</u>

Strahlendes Lächeln

zur Sonne hingewandtes Sehnen

das Suchen im Augenblick

kostbar und unverwundbar

gehe ich dir nach

versuche mich zu leben

Du lächelst, du strahlst von innen.

Was hindert dich, deinem Ideal zu folgen?

Liebe dich in jedem Augenblick, dann kommst du dir nahe, und das wahre Bild von dir entsteht.

Sei wie die Sonne, die uns den Weg zeigt und sich bedingungslos verschenkt.

Wenn unser inneres Licht stärker leuchtet als das Äußere, das auf uns trifft, verschwinden die Schatten. Das äußere Licht verschmilzt mit dem Inneren, es wird eins, eine neue Sonne ist geboren, die selbst Licht erzeugt und abgibt.

Die Welt kann ruhig Milliarden Sonnen vertragen!

<u>29</u>

Vollkommenheit

Ich liebe mich

Ich liebe dich

Du liebst dich

Du liebst mich

Wir vier lieben uns

Ist die Liebe zu dir selbst „zweifellos", das heißt, nimmst du dich so an wie du bist, mit all deinen Schwächen und Stärken?

Dann ist es zweifellos so, dass du jeden Menschen lieben kannst. Wenn negative Glaubenssätze Zweifel nähren, sowohl dich betreffend als auch deinen Partner, dann geh in dich und schau genau hin.

Wenn Liebe anwesend ist, haben Zweifel keinen Platz.

Wenn du dich auf einen Menschen beziehen kannst, weil du dich angezogen fühlst, dann lass dich darauf ein.

Wenn du bewusst eine Beziehung eingehen möchtest, dann sei dir sicher, dass eure Liebe Vollkommenheit widerspiegeln wird, wie in einem Kreis, der sich nicht schließt, sondern sich immer höher schraubt.

30

Ich kenne deine Nöte, lass sie los!

Ich kenne dein Verlangen,

vergiss es!

Lass dich ein

auf den Tanz der Unendlichkeit,

blühe im Orgasmus des Lebens.

Im Dunst verstecken sich

die Tropfen der Läuterung.

Immer wieder glitzert

ein Tröpfchen Liebe hervor,

in der Hoffnung,

dass es mehr werde,

sodass ein Meer von Licht erstrahlt.

Erinnere dich! Nimm dich selbst an der Hand, geh in dein Gefühl und denke an Situationen in deiner Kindheit, als du Liebe und absolute Geborgenheit spürtest.

Vielleicht war es viel später, als du in einer ausweglosen Situation plötzlich unerwartete Hilfe erfuhrst, die dein Urvertrauen in das Leben erblühen ließ...

Nimm dir einen Moment Zeit und geh mit geschlossenen Augen dort hin.

Spürst du jetzt, wie du entspannt und seelisch weit wirst?

Egal, in welcher schwierigen Lage du dich auch befinden magst, geh in dein Herz und geh ins Vertrauen! Glaube nicht den düsteren Bildern, die deine Gedanken jetzt vielleicht in die Zukunft projezieren. Lass diese Bilder los, sie dienen dir nicht!

Im Vertrauen liegt Schönheit, Mut und Stärke.

Vertrauen ist Hinwendung zur Liebe.

Liebe findet immer einen Weg!

Alles, was berührt, ist es wert, erkannt, verstanden und geliebt zu werden.

31

Du gibst mir Sterne
ganze Galaxien
und sie ziehen an meinem Herzen
und sie ziehen an meiner Seele
und sie rütteln mich
und schreien mich an
Wach auf...
atme ein was du sein wirst
atme aus was du nicht mehr bist

Du spürst, wie sich dein Blick und auch dein Herz weitet, wenn du in den nächtlichen Sternenhimmel blickst, falls du das Glück hast, den Nachthimmel ohne störende Lichtquellen in seiner unendlichen Tiefe zu schauen.

Wir leben in einem „fülligen" Universum.

Kannst du aus der Fülle der Möglichkeiten und Wahrscheinlichkeiten deinen eigenen Weg erkennen? Zögere nicht, ihn zu gehen!

Mach dich nicht zum Spielball von Gefühlen und Zweifeln.

Sei anziehend, aber lass dich nicht in eine Richtung ziehen, die dir nicht gefällt. Es ist nicht gesund „gefällig" zu sein, wenn du das nicht sein willst, wenn du das nicht bist und wenn du nicht in die Falle der Täuschung gehen willst.

Du bist andauernd im Austausch mit dem Leben, mit der Existenz.

Sei einfach, atme bewusst und es wird alles in deinem Sinne geschehen.

32

Alles verändert alles
Jeder verändert Jeden
jedes Hinschauen jedes Wegschauen
jedes Zuhören jedes Weghören
Alles verändert alles
Jeder verändert Jeden

Jeder Blick, jede Geste,
das Lächeln in deinen Augen
jeder Windhauch
trägt meine Gedanken zu deinen
jede Millisekunde jeden Augenblick
jedes Wort das du sprichst
jedes Wort das du nicht sprichst
irgendwo, irgendwann
gedacht, gefühlt, getan
Alles verändert alles
Jeder verändert Jeden

Wie lange bist du ein und derselbe?
Wie lange bist du du?
Jeder verändert Jeden
Alles verändert alles

Frage dich:

Wie sehr bin ich verbunden mit „allem, was ist"?

Wie sehr erkenne ich die kosmischen Gesetze von Aktion-Reaktion, Resonanz und Verbundenheit? Wie gut verstehe ich sie?

Wie bewusst kann ich sie in meinem Leben anwenden?

Öffne voll und ganz deine Sinne und trete in Kommunikation mit der Welt, in dem klaren Wissen, dass du damit etwas bewirkst!

Mit jeder kleinen Geste, jedem Wort, jedem Gedanken und Gefühl setzt du eine Ursache, die ihre Wirkung hat.

Wir alle sind ständig in Interaktion, es geht gar nicht anders. Somit ist immer alles in Veränderung, innen und außen.

Lächle in die Welt und die Welt wird zurück lächeln.

33

Ich seh dich
du siehst mich
unsere Augen berühren einander
es passiert viel
von dem wir nicht wissen
Vernetzung
wirfst du das Netz aus
oder bin ich es?
Warten wir gemeinsam
geduldig
auf unseren Fang?

Wie siehst du die Menschen? Wie siehst du dich? Schaust du mit einem liebenden Blick? Spannst du ein Netz zwischen dir und den Anderen?

Wir begegnen uns auf Kreuzungen, gehen dann miteinander oder auseinander. Gemeinsam oder alleine, so oder so, steuern wir Kreuzungspunkte an, immer wieder.

So werden wir mehr, werden wir viele.

Du entscheidest, ob du alleine weitergehst oder dich mit anderen zusammentust.

Wir haben die Chance, uns zu verbessern, in den Spiegel zu schauen und Neues zu akzeptieren, mehr noch, zu integrieren.

So trägst auch du bei zum evolutionären Prozess der Menschheit und unseres wunderbaren Planeten Erde.

Vernetze dich liebevoll mit „allem was ist".

34

Entscheidungen
für das Eine
für das Andere
dazwischen ist Zeit, ist Raum
gefüllt mit Erfahrungen
des Einen und des Anderen
Wir leben
in Warteräumen
gefüllt mit Wartezeiten
gefüllt mit Erfahrungen
gefüllt mit Entscheidungen
mit dem Einen
dem Anderen
das Eine
das Andere
der Anfang
das Ende
unendlich

Stehst du gerade vor einer Entscheidung?
Sei dir bewusst, dass jede Entscheidung,
sei sie noch so klein und scheinbar unbedeutend, dein Leben und auch deinen Körper formt.
Die kleinen täglichen Entscheidungen geschehen mehr oder weniger automatisch.
Wir kennen sie, sie sind uns vertraut.
Wenn dann eine große Entscheidung ansteht, sind wir oft überfordert, weil die Konsequenz, die Wirkung auch groß ist.
Dein Bauchgefühl, deine Intuition ist gefragt, und auch ein wenig Gedankenarbeit.
Angst gefährdet und schwächt die Kraft der Entscheidung, blockiert deine Intuition.
Es ist die Angst, sich festzulegen und womöglich falsch zu liegen.
Bist du dir sicher, dass es sich bei deiner Entscheidung um eine „entweder-oder Entscheidung" handelt? Vielleicht schließt das Eine das Andere gar nicht aus, und es besteht die Chance auf ein „sowohl als auch". Vielleicht ist es aber tatsächlich eine Entscheidung
im Sinne des Wortes, also ein Scheiden,
ein Abschied von etwas oder von jemandem.
Du triffst die Wahl!
Bleib flexibel, begrüße Veränderungen und vertraue darauf, dass sich die richtige Entscheidung zur rechten Zeit zeigen wird.

35

Es ist gut,

den Boden samtweich zu pflegen,

sich versammelnd

zum Mittelpunkt zu streben,

um dann dürstend

die Fühler auszustrecken,

tastend, schnuppernd,

die Welt zu erobern,

einzusaugen,

um sie danach wieder freizugeben.

Jetzt geht es darum, dich einzulassen auf das was du bereits hast und es zu schätzen.

Verbinde dich mit Anderen,

mit Gleichgesinnten, die dir helfen,

dein Wollen klar zu erkennen,

es zu formulieren und in die Welt zu bringen.

Es ist möglicherweise eine gute Zeit, um ein Projekt vorzubereiten, den Boden zu ebnen,

die Gedanken zu ordnen, den Blick zu weiten,

um sich sanft einzuweben in das große Ganze.

Du brauchst dich nicht zu sorgen.

Was immer es ist, es wird seiner Wege gehen,

frei und ungebunden die Welt bereichern und wieder verlassen.

Lass es zu, vertraue darauf, dass es gut ist.

36

Schmerz

macht weich und feucht

wie nasse Erde.

Zum Bersten gefüllt mit Unrat

wird es Zeit ihn loszuwerden.

Steckst du fest in deiner Vergangenheit, in alten Mustern, Gewohnheiten, Süchten, Ängsten oder Abhängigkeiten?

Du hast die Kraft, dich selbst aus dem Sumpf zu ziehen, wenn du dir den berühmten Ruck gibst. Finde zu deiner Kraft zurück, lass los! Gehe kompromisslos einen neuen Weg, schau ins Licht, schau nicht zurück, verabschiede deinen Schmerz, er ist sinnlos geworden.

Ein neuer Tag wartet auf dich.

Nachwort

Das Leben ist schön
auch wenn es manchmal
hässlich ist

Das Leben ist hell
auch wenn es manchmal
dunkel ist

Das Leben ist Liebe
auch wenn es manchmal
Angst ist

Das Leben ist gesund
auch wenn es manchmal
krank ist

Das Leben ist glänzend
auch wenn es manchmal matt ist

Das Leben ist mutig
auch wenn es manchmal
feige ist

Das Leben ist artig
auch wenn es manchmal
abartig ist

Das Leben ist innerlich
auch wenn es gleichzeitig
äußerlich ist

Das Leben ist gestern
auch wenn es heute ist
und morgen
auch wenn es jetzt ist

Wir sind gestern heute und morgen
weil das Leben ewig ist

Das Leben ist Frieden
auch wenn es manchmal
als Kampf erscheint

Das Leben ist Leben
auch wenn es sich manchmal
tot anfühlt

Das Leben ist bewusstes Sein
auch wenn es aus dem
unbewussten Nichts entspringt

Das Leben ist so **und** so
nicht so **oder** so

Das Leben ist Wunder voll
auch wenn es leer ist
weil die Leere voll Wunder ist

Das Leben ist schön
weil es immer jetzt
voll Wunder ist

Das Leben ist ein Geschenk
sich selbst verschenkend
sich selbst entleerend
sich selbst erfüllend
sich selbst umarmend
sich selbst liebend

Das ist alles
genug um hier zu sein
sich selbst zu genügen
dem Leben ein Gesicht zu geben
eine Stimme
eine Geschichte zu erzählen

aus lauter Liebe
um der Liebe willen

Woher?

Ich wurde inspiriert, wie so viele andere auch, nicht von Außerirdischen, Jenseitigen oder Engelwesen, kein bewusster Kontakt mit anderen Wesenheiten aus der geistigen Welt. Es war vielmehr so, dass die Stille zu mir sprach, nicht mit einer Stimme, aber doch mit Worten, die sich aus meinem inneren Raum formten, aus dem Raum der Möglichkeiten, der Wahrscheinlichkeiten, und in mich hineinschlüpften, deutlich, kompromisslos, unüberhörbar, dann auch unübersehbar, nachdem ich sie aufgeschrieben hatte.

Da standen sie nun auf einem Blatt Papier.

Ich war überrascht und verblüfft über die Kraft ihrer Botschaft, suchte sie zu verstehen.

Da öffneten sich Tore, und mein Bewusstsein begann Sprünge zu machen.

In der Stille während des Schlafes, und danach in der Stille zwischen Wachwerden und Wachsein, erlauschte ich die Eindeutigkeit und Klarheit eines einströmenden Flusses von Wörtern, die sich zu klangvollen, sinnhaften Bildern formten... wer weiß schon, was alles in der Stille verborgen ist und darauf wartet, gehört zu werden.

Eintauchen in die Stille – sich verlieren – sich finden und wieder auftauchen.

27	6	32	15	21	11
18	30	10	34	25	3
4	22	36	9	13	29
33	14	1	24	19	7
20	8	26	35	2	17
12	28	16	5	31	23